EXTRAIT

DES REGISTRES DE PARLEMENT.

Du 3 Septembre 1762.

VU par la Cour, toutes les Chambres assemblées, la Requête à Elle présentée par le Procureur Général du Roi, contenant que les Villes du Ressort de la Cour, où il n'y avoit autres Ecoles ou Colleges que ceux tenus par les ci-devant soi-disans Jésuites, ont fait en exécution des Arrêts de la Cour, différens Traités, Concordats ou Délibérations pour la tenue des Ecoles & Colleges par d'autres personnes que par lesdits ci-devant soi-disans Jésuites ; que ces Délibérations, Traités & Concordats ont été envoyés en la Cour, conformément aux dispositions des Arrêts par Elle rendus, & s'exécutent par provision dans toute l'étendue de son Ressort ; que la Cour, par un de ses Arrêts du six Août mil sept cent soixante-deux, a de nouveau ordonné l'exécution de ces

A

Concordats, jusqu'à ce qu'il ait été par Elle statué sur leur homologation ; que dans ces circonstances il croit devoir s'occuper d'un objet qui lui paroît essentiel pour le maintien du bon ordre dans les Colleges, & pour l'accroissement & la perfection de l'Etude des Belles-Lettres ; que les Universités ont pour objet spécial l'éducation de la Jeunesse ; que le soin important de former des Sujets pour l'Eglise & pour l'Etat, leur a toujours été confié ; qu'en conséquence elles ont formé des Réglemens d'Etude & de Discipline, qui ont été autorisés par la Cour, & qu'il seroit avantageux de les faire observer dans les Colleges des Villes du Ressort où il n'y a point d'Universités, en cherchant néanmoins à perfectionner encore ces mêmes Reglemens ; que, pour y parvenir, il ne lui paroît rien de plus convenable, que de consulter le zèle & les lumieres des Membres de ces Universités, auxquels l'usage & l'expérience ont dû découvrir ce qu'il conviendroit d'y changer & d'y ajouter ; que d'un autre côté il seroit très-important d'établir dans la suite, autant qu'il sera possible, une correspondance entre lesdites Universités & les Colleges qui sont dans le Ressort de la Cour, & dans des Villes où il n'y a point d'Universités, sans néanmoins déplacer les Sujets qui occupent actuellement dans ces Colleges les Chaires & les Principalités, afin que l'enseignement de la Jeunesse partant d'une même source, pour se répandre dans tous lesdits Colleges, se trouve par-là plus uniforme ; plus facile par conséquent à conserver dans toute sa pureté, que les abus, qui pourroient s'y introduire, puissent être plus promptement & plus sûrement reprimés, & que de ces enseignemens il résulte de nouveaux avantages pour l'accroissement des Sciences & des Lettres, pour le maintien des Maximes du Royaume, & pour la gloire de la Nation. Pourquoi requieroit le Procureur Général du Roi, qu'il plût à la Cour ordonner que les Universités de Paris, Reims, Bourges, Poitiers, Angers & Orléans, enverroient, dans tel tems qu'il plairoit à la Cour, au Procureur Général du Roi, tels Mémoires qu'elles aviseroient bon être, contenant les Reglemens d'Etude & de Discipline qu'elles croiroient devoir proposer pour être observés dans les Colleges des différentes Villes du Ressort de la Cour, dans lesquels Mémoires elles indiqueroient les plans les plus propres pour remplir les trois principaux objets de l'instruction de la Jeunesse, la Religion, les Mœurs, les Sciences, pour imprimer dans le cœur des jeunes gens les premiers principes de la Religion, leur en apprendre & leur en faire pratiquer les devoirs, & les appliquer utilement à l'étude de l'Histoire Sainte, pour former leurs mœurs par l'étude & par la pratique de la vertu, pour leur apprendre les élemens & principes des Langues Françoise, Grecque, Latine & autres, l'Histoire, les Belles-Lettres, la Rhétorique, la Philosophie, & les autres Sciences qui peuvent convenir à cet âge, afin que l'instruction publique de la Jeunesse dans le Ressort de la Cour, puisse procurer à l'Etat des Chrétiens & des Citoyens capables de remplir, dans le respect & la soumission qu'ils doivent au Roi, aux Loix de l'Eglise & de l'Etat, & aux Maximes du Royaume, les différens Emplois auxquels ils pourront être appellés; comme aussi ordonner que lesdites Universités s'expliqueront, dans lesdits Mémoires, sur les differens moyens qui pourroient être employés pour que les Colleges établis dans les Villes du Ressort de la Cour, ou du moins la majeure partie d'iceux, correspondent dans la suite à quelques-unes desdites Universités, soit par des affiliations, soit par d'autres moyens. Vû aussi les Arrêts par elle rendus le 6 Août 1761, concernant les Prêtres, Ecoliers & autres de la ci-devant Société se disans de Jesus, les Mémoires envoyés en exécution à la Cour par les Universités de Paris, Reims, Angers, Poitiers, Bourges & Orléans; par les Officiers des Bailliages & Sénéchaussées, & par les Officiers Municipaux des Villes du Ressort où il n'y avoit autres Ecoles ou Colleges que ceux qui étoient tenus par les ci-devant soi-disans Jésuites, lesdits Mémoires déposés au Greffe Civil de la Cour; les Arrêts rendus par la Cour toutes le Chambres assemblées les dix-sept, dix-neuf, vingt, vingt-six & vingt-sept Février, deux, six, neuf, treize & vingt Mars derniers, concernant la tenue des Colleges, dans les Villes de Laon, Mauriac, Aurillac, Chaâlons-sur-Marne, Bourges, Nevers, Angoulême, Chaumont-en-Bassigny, Auxerre, Langres, Fontenay-le-Comte, Amiens, Blois, Orléans, Tours, Saint-Flour, Sens, Clermont-Ferrand, Billiome, Lyon, la Fleche, Bar-le-Duc, Maçon, la Rochelle, Charleville, Poitiers, Compiegne, Rouanne, Moulins, Eu, Arras, Hesdin, Saint-Omer, Bethune & Aire, par autres que lesdits ci-devant soi-disans Jésuites, à compter du premier Avril dernier, délibérations & concordats envoyés en exécution desdits Arrêts par aucunes desdites Villes, & déposés au Greffe de la Cour. Arrêts rendus par la Cour les six Août mil sept cent soixante-un & six Août mil sept cent soixante-deux, concernant ladite ci-devant Société. Le tout joint à ladite Requête signée du Procureur Général du Roi; oui le Rapport de Me Joseph-Marie Terray, Conseiller : Tout considéré.

LA COUR ordonne que les Universités de Paris, Reims, Bourges, Poitiers, Angers & Orléans enverront dans trois mois au Procureur Général du Roi tels Mémoires qu'elles aviseront bon être, contenant les Reglemens d'Etude & de Discipline qu'elles croiront devoir proposer pour être observés dans les Colleges des différentes Villes du Ressort de la Cour, dans lesquels Mémoires elles indiqueront les plans les plus propres pour remplir les trois principaux objets de l'Instruction de la Jeunesse, la Religion, les

Mœurs, les Sciences, pour imprimer dans le cœur des jeunes gens les premiers principes de la Religion, leur en apprendre & leur en faire pratiquer les devoirs, & les appliquer utilement à l'étude de l'Histoire Sainte, pour former leurs mœurs par l'étude & par la pratique de la vertu, pour leur apprendre les Elemens & les principes des Langues Françoise, Grecque, Latine, ou autres, l'Histoire, les Belles Lettres, la Rhetorique, la Philosophie & les autres Sciences qui peuvent convenir à cet âge, afin que l'Instruction publique de la Jeunesse, dans le Ressort de la Cour, puisse procurer à l'Etat, des Chrétiens & des Citoyens capables de remplir, dans le respect & la soumission qu'ils doivent au Roi, aux Loix de l'Eglise & de l'Etat, & aux Maximes du Royaume, les différens emplois auxquels ils peuvent être appellés; comme aussi ordonne que lesdites Universités s'expliqueront dans lesdits Mémoires sur les différens moyens qui pourroient être employés, pour que les Colleges établis dans les Villes du Ressort de la Cour, ou du moins la majeure partie d'iceux, correspondent dans la suite à quelques-unes desdites Universités, soit par des affiliations, soit par d'autres moyens: Et sera le présent Arrêt, à la requête, poursuite & diligence du Procureur Général du Roi en cette Ville de Paris, poursuite & diligence de ses Substituts sur les lieux, signifié aux Universités de Paris, Rheims, Bourges, Angers, Poitiers & Orléans, imprimé, publié & affiché par tout où beſoin ſera. Fait en Parlement, toutes les Chambres aſſemblées, le trois Septembre mil ſept cent ſoixante-deux. Collationné, REGNAULT.

Signé, DUFRANC.

EXTRAIT
DES REGISTRES
DE PARLEMENT.

Du 7 Septembre 1762.

VU par la Cour, toutes les Chambres assemblées, le récit fait en icelle par un de Messieurs : Conclusions du Procureur Général du Roi sur icelui ; oui le Rapport de Me Joseph-Marie Terray, Conseiller : Tout considéré.

LA COUR a ordonné & ordonne que l'Arrêt d'icelle, du 6 Août 1762, sera exécuté selon sa forme & teneur, & en conséquence fait très-expresses inhibitions & défenses à tous Marguilliers, Fabriciens, Chapitres, Présidens de Chapitres ou Collégiales, Supérieurs ou Supérieures de Communautés Séculieres ou Régulieres de l'un ou de l'autre sexe, Administrateurs d'Hôpitaux, & généralement à toutes personnes ayans droit de nomination, présentation ou admission aux Stations, Prédications ou Dessertes dans les Eglises situées dans le Ressort de la Cour, de nommer ou présenter auxdites Stations, Prédications particulieres ou Dessertes, à compter du jour de la publication du présent Arrêt, même d'admettre, à compter dudit jour, à remplir aucunes desdites Stations ou Prédications dans lesdites Eglises, à les desservir à titre d'Aumôniers, Chapelains, Desservans, ou sous tel autre titre ou dénomination que ce puisse être, ainsi qu'à faire en icelles aucune autre fonction publique ceux qui étoient ci-devant Membres de ladite Société, encore que les nominations, présentations ou admissions fussent antérieures au présent Arrêt, ou pour telle cause ou prétexte que ce pût être, s'il ne leur appert préalablement de l'acte de serment fait par chacun desdits ci-devant soi-disans Jésuites, conformément aux dispositions du susdit Arrêt, duquel acte de serment expédition en bonne forme, ou copie dûement collationnée leur soit remise par lesdits ci-devant soi-disans Jésuites, avant de vacquer à aucune desdites fonctions, le tout à peine par chacun desdits Marguilliers, Fabriciens, Chapitres, Présidens, Supérieurs, Supérieures, Administrateurs & autres ayant pareille charge, d'en répondre en leur propre & privé nom, & d'être contre eux procédé suivant l'exigence des cas, se réservant ladite Cour de statuer sur les Conclusions du Procureur Général du Roi, à l'égard de ceux des ci-devant soi-disans Jésuites qui auroient contrevenu ou contreviendroient à l'avenir aux dispositions dudit Arrêt du 6 Août 1762; ordonne que copies collationnées du présent Arrêt seront envoyées aux Bailliages & Sénéchaufſées du Reſſort, ainſi qu'au Conſeil Provincial d'Artois, & aux Gouvernances, Bailliages & Officiers Municipaux des Villes d'Artois, & au Châtelet de Paris, pour y être lû, publié & regiſtré. Enjoint aux Subſtituts du Procureur Général du Roi d'y tenir la main, & d'en certifier la Cour au mois. Ordonne que le préſent Arrêt ſera imprimé, lû, publié & affiché par-tout où beſoin ſera. Fait en Parlement, toutes les Chambres aſſemblées, le ſept Septembre mil ſept cent ſoixante-deux. Collationné, REGNAULT.

Signé, DUFRANC.

EXTRAIT DES REGISTRES DE PARLEMENT,

Du sept Septembre 1762.

VU par la Cour, toutes les Chambres assemblées, la Requête à elle présentée par le Procureur-Général du Roi, contenant que la Cour par un de ses Arrêts du six Août dernier, a par provision & jusqu'à ce que le Roi ait fait expédier les Lettres Patentes à ce nécessaires, fait inhibitions & défenses à tous Patrons, Fondateurs, Collateurs Laïcs ou Ecclésiastiques de pourvoir aux Bénéfices unis aux Maisons & Etablissemens de la ci-devant Société se disant de Jesus, à tous Particuliers de les requerir, à tous Juges de mettre en possession desdits Bénéfices aucuns y prétendant droit; mais comme en attendant qu'il y ait été définitivement pourvû, il ne convient pas que les Bénéfices dépendans de ceux unis auxdites Maisons & Etablissemens demeurent vacans &

dépourvus de Titulaires qui en acquittent les Fondations, & en remplissent les devoirs qui y sont attachés ; pourquoi requéroit le Procureur-Général du Roi qu'il plût à la Cour ordonner que les Arrêts du six Août 1762, seroient exécutés selon leur forme & teneur ; qu'en conséquence par provision & sans préjudice de tous droits qui pourroient appartenir à toutes personnes Ecclésiastiques ou Laïques, soit à titre public, soit à titre particulier, il seroit pourvû par les Archevêques & Evêques, ordinaires des lieux, du Ressort de la Cour, à la Nomination & Collation de tous les Bénéfices qui étoient ci-devant à la Nomination & Collation & présentation desdits ci-devant soi-disans Jésuites, à cause des différens Bénéfices unis aux Maisons & Etablissemens de ladite ci-devant Société, sans que par lesdites Nominations ou Collations il puisse être acquis auxdits Ordinaires autres & plus grands droits que ceux qui leur appartiennent ; il fût ordonné que l'Arrêt qui interviendroit sur les Conclusions du Procureur-Général du Roi, seroit envoyé aux Archevêques & Evêques du Ressort de la Cour, & aux Bailliages & Sénéchaussées du Ressort, ainsi qu'aux Gouvernances, Bailliages & Officiers Municipaux d'Artois, pour y être lû, publié & registré ; il fût en outre ordonné que ledit Arrêt seroit imprimé, lu, publié & affiché en cette Ville de Paris, & partout où besoin seroit ; ladite Requête signée du Procureur-Général du Roi, oui le Rapport de Me Joseph-Marie Terray, Conseiller; tout considéré.

LA COUR, toutes les Chambres assemblées, a ordonné & ordonne que les Arrêts rendus en icelle le 6 Août 1762, seront exécutés selon leur forme & teneur; en conséquence par provision & sans préjudice de tous droits qui pourroient appartenir à toutes Personnes Ecclésiastiques ou Laïques, soit à titre public, soit à titre particulier, ordonne qu'il sera pourvû par les Archevêques & Evêques, Ordinaires des lieux, du Ressort de la Cour, à la nomination, présentation & collation de tous les Bénéfices qui étoient ci-devant à la nomination, collation & présentation desdits ci-devant soi-disans Jésuites, à cause des différens Bénéfices unis aux Maisons & Etablissemens de ladite ci-devant Société, sans que par lesdites nominations, présentations & collations, il puisse être acquis auxdits Ordinaires autres & plus grands droits que ceux qui leur appartiennent : ordonne que le présent Arrêt sera envoyé aux Archevêques & Evêques du Ressort de la Cour, & aux Bailliages & Sénéchaussées du Ressort, ainsi qu'aux Gouvernances, Bailliages & Officiers Municipaux d'Artois, pour y être lû, publié & registré; ordonne en outre que le présent Arrêt sera imprimé, lû, publié & affiché en cette Ville de Paris, & par-tout où besoin sera.

Fait en Parlement, toutes les Chambres assemblées, le sept Septembre mil sept cent soixante-deux. Collationné, REGNAULT.

Signé, DUFRANC.

EXTRAIT
DES REGISTRES
DU PARLEMENT.

Du sept Septembre 1762.

VU par la Cour, toutes les Chambres assemblées, la Requête à elle présentée par les Abbé, Prieur & Chanoines Réguliers de l'Abbaye de Sainte Geneviéve du Mont à Paris, par laquelle, après avoir exposé que d'après le Plan de la nouvelle Eglise de Sainte Geneviéve, signé par Sa Majesté le 2 Mars 1757, il a été statué que le College de Lisieux seroit détruit, & qu'on lui fourniroit un autre emplacement convenable; que depuis les travaux commencés, l'Abbaye de Sainte Geneviéve cherche inutilement un emplacement qui puisse convenir à ce College. Les difficultés de toutes espéces ont arrêté jusqu'à présent, & ont mis dans l'impossibilité de faire aucune proposition : cependant il est absolument nécessaire pour la liberté des travaux, pour l'emplacement des matériaux, pour le libre passage des

Voitures ; pour la commodité des Citoyens, & pour l'avancement de cet Edifice, que le Collége de Lisieux soit déplacé incessamment. L'Abbaye de Sainte Geneviéve desire avec d'autant plus d'ardeur de jouir de l'emplacement de ce Collége relativement à cet objet, que Sa Majesté veut que cette Eglise, qui est un monument de sa piété & de sa religion, s'éleve & se finisse promptement. Le Collége des ci-devant soi-disans Jésuites étant vacant & vuide, pourroit aisément servir de remplacement au Collége de Lisieux. L'Abbaye de Sainte Geneviève fait cette proposition avec d'autant plus de confiance ; que Messieurs du Collége de Lisieux seroient amplement dédommagés ; que la vaste étendue des Bâtimens du Collége de Clermont pourroit en même-tems suffire à remplir d'autres projets, si on en avoit ; que les travaux de la nouvelle construction avanceroient sensiblement & avec aisance, à cause du libre passage donné par la démolition du Collége de Lisieux. Si l'exécution de ce projet avoit lieu, la partie du Collége de Clermont, prise pour le remplacement du Collége de Lisieux, seroit estimée, & le prix de l'estimation seroit payé, partie de la vente des démolitions de Lisieux, & partie des deniers du Bénéfice des Loteries, accordé pour la construction de la nouvelle Eglise. Le besoin de l'emplacement du Collége de Lisieux étant urgent pour la célérité des travaux ; ne pourroit-on pas dès-à-présent donner aux Maîtres de ce Collége la partie des Bâtimens du Collége de Clermont, nécessaire pour former un Collége de plein Exercice ? En ce cas, on prendroit des arrangemens relatifs à ce projet pendant ces Vacances, & au premier Octobre prochain les Classes du nouveau Collége de Lisieux, seroient ouvertes au Public; ils ont conclu à ce qu'attendu ce que dessus, il fût ordonné qu'ils seroient & demeureroient autorisés à traiter à titre de vente avec qui il appartiendroit, de l'emplacement des Bâtimens du Collége de Lisieux, comme devant entrer dans le plan de la nouvelle Eglise de Sainte Geneviéve, à l'effet de quoi il seroit fait avec qui il appartiendroit & en présence d'un Substitut du Procureur-Général du Roi, par Experts convenus ou nommés d'office, estimation desdits emplacemens & Bâtimens du Collége de Lisieux, aux offres par les Supplians d'en faire & avancer les frais sur les fonds destinés à la construction de la nouvelle Eglise de Saiute Geneviéve; & pour faciliter ladite vente, il fût ordonné que dès-à-présent ledit Collége de Lisieux, son titre & les fondations y attachées, & tout ce qui peut en dépendre sans aucune exception, seroient transférés dans le terrein & les bâtimens actuellement vacans du Collége de Clermont, aux offres par les Supplians de faire & avancer comme ci-dessus les frais du transport des meubles & effets dudit Collége de Lisieux en celui de Clermont; vû aussi le Plan arrêté par le Roi en 1757, pour la construction de l'Eglise de Sainte Geneviéve, ledit Plan certifié véritable, le 25 Août 1762 : le Mémoire présenté par les Abbé, Prieur & Chanoines Réguliers de la Congrégation de France, à l'effet de procurer le remplacement dudit Collége de Lisieux dans les terreins & bâtimens du Collége de Clermont, sis rue saint Jacques, qu'occupoient par le passé les ci-devant soi-disans de la Compagnie de Jesus ; l'Arrêt du 28 Août 1762, rendu sur la Requête du Procureur-Général du Roi ; l'avis de l'Université de Paris, du 30 Août 1762 ; l'avis des Prevôt des Marchands & Echevins de la Ville de Paris, du 3 Août audit an ; l'avis des Officiers du Châtelet de Paris, du 2 Septembre 1762, & autres Piéces attachées à ladite Requête, signée Basly, Procureur pour Danjou, aussi Procureur absent ; Conclusions du Procureur-Général du Roi : oui le rapport de Me Joseph-Marie Terray, Conseiller, tout considéré :

LA COUR autorise les Supplians à traiter à titre de vente avec qui il appartiendra, de l'emplacement & des bâtimens du Collége de Lisieux, comme devant entrer dans le Plan de la nouvelle Eglise de Sainte Geneviéve, à l'effet de quoi il sera fait avec qui il appartiendra, & en présence d'un des Substituts du Procureur-Général du Roi, par Experts convenus à l'amiable par les Parties, sinon nommés d'office par les Commissaires nommés par l'Arrêt du 6 Août 1762, au nombre de deux au moins, visite, prisée & estimation desdits emplacemens & bâtimens du Collége de Lisieux, à la charge par les Supplians, suivant leurs offres, d'en faire & avancer les frais sur les fonds destinés à la construction de la nouvelle Eglise, & cependant par provision, ordonne, sous le bon plaisir du Seigneur Roi, que ledit Collége de Lisieux sera transféré dans les terreins & bâtimens du ci-devant Collége de Clermont; en conséquence, qu'au premier Octobre prochain les Classes dudit Collége de Lisieux seront provisoirement ouvertes & tenues en la maniere accoutumée dans les terreins & bâtimens dudit Collége de Clermont, sis en cette Ville de Paris rue Saint Jacques, à l'effet de quoi les Principal, Procureur, Professeurs & Boursiers du Collége de Lisieux seront, à la Requête du Procureur-Général du Roi, mis en possession provisoire, même en tems de Vacations, par les Commissaires nommés par l'Arrêt du 6 Août 1762, au nombre de deux au moins, & en présence d'un des Substituts du Procureur-Général du Roi, & aussi en celle desdits Abbé, Prieur & Chanoines Réguliers de Sainte Geneviéve du Mont, du Recteur & Syndic de l'Université, des Principal & Procureur du Collége de Lisieux, ou eux duement appellés, de tous les terreins & bâtimens qui seront estimés nécessaires pour la tenue dudit Collége de Lisieux, & ce au dire, s'il en est besoin, d'un seul

Expert qui sera nommé d'office par lesdits Commissaires, dont & du tout Procès-verbal sera dressé par lesdits Commissaires, lors duquel les Parties intéressées pourront faire tels dires & requisitions qu'elles aviseront bon être, sur lesquels il sera statué ainsi qu'il appartiendra, par lesdits Commissaires, dont les Ordonnances seront exécutées par provision, nonobstant toutes oppositions ou appellations quelconques, & sans y préjudicier, à la charge néanmoins par lesdits Abbé, Prieur & Chanoines Réguliers de fournir & avancer toutes les sommes qui seront ordonnées par lesdits Commissaires dans le cours dudit Procès-verbal, tant pour mettre les terreins & bâtimens dudit Collége de Clermont en état de servir au premier Octobre prochain à la tenue dudit Collége de Lisieux, que pour subvenir au déplacement, transport & remplacement de tous les meubles & effets appartenans soit audit Collége de Lisieux, soit au Principal, Procureur, Professeurs, Boursiers & autres personnes qui composent ledit Collége: Ordonne pareillement que par les mêmes Commissaires, en présence que dessus, il sera, à la requête du Procureur-Général du Roi, même en tems de Vacations, dressé Procès-verbal de l'état actuel du Collége de Lisieux, & de l'estimation des fonds, très-fonds & superficie dudit Collége de Lisieux, laquelle sera faite par deux Experts, qui seront nommés, sçavoir, l'un par lesdits Abbé, Prieur & Chanoines

Réguliers ; & l'autre par lesdits Principal & Procureur dudit Collége de Lisieux, ou autres ayant droit audit Collége de Lisieux, sinon pris & nommés d'office par lesdits Commissaires, & en cas d'avis différent desdits Experts, par un tiers Expert qui sera audit cas nommé d'office par lesdits Commissaires, les frais & vacations desq els Experts seront pareillement fournis & avancés par lesdits Abbé, Frieur & Chanoines Réguliers, pour lesdits Procès-verbaux faits & rapportés en la Cour, & communiqués au Procureur-Général du Roi, être par lui requis ce qu'il appartiendra, & par la Cour statué ce que de raison, tant sur la démolition dudit Collége de Lisieux, que sur le remplacement des terreins & bâtimens nécessaires pour la tenue dudit Collége, que sur le payement du prix, soit des fonds, très-fonds & superficie dudit Collége de Lisieux, soit des terreins ou bâtimens qui lui seront donnés à titre de remplacement ; & sera ledit Seigneur Roi, très-humblement supplié de vouloir bien faire expédier toutes Lettres Patentes sur ce nécessaires ; comme aussi attendu qu'il résulte de ce qui est énoncé en l'avis des Officiers du Châtelet, en celui des Prevôt des Marchands & Echevins, & en celui de l'Université de Paris, qu'il seroit possible de rendre plus utiles encore dans la suite, les fondations de Bourses qui ont été faites dans différens Colléges de cette ville de Paris, qui ne sont pas de plein Exercice, en faveur des jeunes gens de diverses Provinces & Diocèses du Royaume, en procurant une institution publique propre à former des Sujets capables de fournir des Professeurs à l'Université de Paris, des Maîtres aux Colléges des Provinces du Ressort, des Précepteurs aux enfans des Citoyens, & en général des Sujets utiles à la Patrie, sans néanmoins préjudicier aux droits des Nominateurs & autres prétendans droit auxdits Colléges, en attendant qu'il y ait été plus amplement pourvû sous le bon plaisir dudit Seigneur Roi par la Cour, ordonne que tous les Humanistes & Philosophes qui jouissent actuellement, & qui jouiront dans la suite des Bourses établies dans les différens Colléges de cette ville de Paris, autres néanmoins que ceux d'Harcourt, du Cardinal le Moyne, de Navarre, de Montaigu, du Plessis, de Dermant-Beauvais, de la Marche, des Grassins & de Mazarin, seront tenus, pour conserver lesdites Bourses, de fréquenter, à commencer du premier Octobre prochain, les classes du Collége de Lisieux exclusivement à toutes autres Classes de l'Université, & d'en justifier par certificats en bonne forme des Professeurs dudit Collége de Lisieux, dont il sera remis au Procureur-Général du Roi un double tous les ans par les Ecoliers. Ordonne que le présent Arrêt sera, à la requête du Procureur-Général du Roi, signifié aux Abbé, Prieur & Chanoines Réguliers de Sainte Geneviéve-du-Mont, aux Recteur & Syndic de l'Université de

Paris, aux Principal & Procureur du Collége de Lisieux, ainsi qu'aux Boursiers desdits Colléges en la personne des Principaux & Procureurs desdits Colléges, ou autres ayant droit auxdits Colléges. Ordonne que le présent Arrêt sera envoyé aux Bailliages & Sénéchaussées du Ressort, & aux Gouvernances, Bailliages & Officiers Municipaux d'Artois, pour y être lû, publié & registré : ordonne que le présent Arrêt sera imprimé, lu, publié & affiché par-tout où besoin sera, & notamment dans cette ville de Paris. Fait en Parlement, toutes les Chambres assemblées, le sept Septembre mil sept cent soixante-deux. Collationné, REGNAULT.

Signé, DUFRANC.

A PARIS, Chez P. G. SIMON, Imprimeur du Parlement, rue de la Harpe, à l'Hercule, 1762.

www.ingramcontent.com/pod-product-compliance
Lightning Source LLC
LaVergne TN
LVHW010313230826
846091LV00007B/3131
9782013608756